Vicente Frisullo

Espiritualidade e missão do catequista

A partir do documento da CNBB n. 107

Dados Internacionais de Catalogação na Publicação (CIP)
(Câmara Brasileira do Livro, SP, Brasil)

Frisullo, Vicente
Espiritualidade e missão do catequista : a partir do documento da CNBB n. 107 / Vicente Frisullo. -- São Paulo : Paulinas, 2017. -- (Itinerários)

ISBN: 978-85-356-4346-6

1. Catequese - Igreja Católica 2. Catequistas - Educação 3. Espiritualidade 4. Missiologia 5. Missões 6. Vida cristã I. Título. II. Série.

17-09222 CDD-266

Índice para catálogo sistemático:

1. Espiritualidade missionária : Cristianismo 266

1ª edição – 2017
4ª reimpressão – 2024

Direção-geral: *Flávia Reginatto*
Editores responsáveis: *Vera Ivanise Bombonatto*
Antonio Francisco Lelo
Copidesque: *Ana Cecilia Mari*
Coordenação de revisão: *Marina Mendonça*
Revisão: *Sandra Sinzato*
Gerente de produção: *Felício Calegaro Neto*
Produção de arte: *Claudio Tito Braghini Junior*
Imagem de capa: *Marcantonio Franceschini*

Cadastre-se e receba nossas informações
paulinas.com.br
Telemarketing e SAC: 0800-7010081

Paulinas
Rua Dona Inácia Uchoa, 62
04110-020 – São Paulo – SP (Brasil)
(11) 2125-3500
editora@paulinas.com.br

A espiritualidade do catequista se nutre de uma ativa e religiosa escuta da Palavra de Deus, de uma oração confiante e perseverante, de uma presença generosa e alegre na vida da comunidade. Tudo isso servirá de base para a sua santificação pessoal e para o exigente serviço da iniciação e educação na fé dos catequizandos que a Igreja lhe confiou.

SUMÁRIO

ABREVIATURAS

CR	Catequese Renovada
CT	*Catequese Tradendae*
DAp	Documento de Aparecida
DC	*Deus caritas est*
DNC	Diretório Nacional de Catequese
DGC	Diretório Geral de Catequese
DV	*Dei Verbum*
EN	*Evangelii nuntiandi*
GS	*Gaudium et spes*
EG	*Evangelii gaudium*
NMI	*Novo millennio ineunte*
RICA	Rito da Iniciação Cristã de Adultos

Introdução

A ação catequética, em sua missão de iniciar à vida cristã, tem sido uma preocupação constante da CNBB, sobretudo nestes últimos anos e a partir do documento Catequese Renovada. O documento da CNBB: *Iniciação à vida cristã: itinerário para formar discípulos missionários*,[1] manifesta de modo claro essa preocupação, sobretudo levando em consideração o atual horizonte cultural, nem sempre favorável, se não hostil, à experiência e à vivência da fé.

Num contexto de poucas certezas e muitas dúvidas, de autossuficiência e de experiência dos próprios limites e fragilidades, de muitas hesitações e perplexidades, faz-se necessário percorrer novos caminhos na evangelização para testemunhar que "Anunciar Cristo significa mostrar que crer nele e segui-lo não é algo apenas verdadeiro e justo, mas também belo, capaz de cumular a vida dum novo esplendor e duma alegria profunda, mesmo no meio das provações" (EG, 167).

Quando se fala de iniciação à vida cristã, entende-se sublinhar um processo, um itinerário por etapas que leva à imersão na vida cristã, caracterizada por um encontro pessoal com Cristo, que passa, necessariamente, pela fé e vida em comunidade, a qual é o lugar e a meta de toda ação catequética. Esse ponto exige do catequista uma atenção toda especial, assim como pede o documento n. 107: com o processo de iniciação "as pessoas são iniciadas no Mistério de Cristo e na vida da Igreja. Não é como um curso que termina em festa de formatura, nem se trata de mera devoção particular. Quem é iniciado se insere na Igreja e assume os compromissos da missão a que ela

---

[1] CNBB. *Iniciação à vida cristã: itinerário para formar discípulos missionários*. Brasília, CNBB, 2017. Documento n. 107.

se dedica".[2] Nem é preciso aqui mencionar a dificuldade de alcançar esse objetivo numa cultura que privilegia, de forma quase exclusiva, o subjetivismo e as relações virtuais, efêmeras e provisórias que buscam somente a satisfação pessoal e imediata.

É por isso que a missão do catequista só pode ser entendida no seio duma comunidade preocupada com a formação e educação da fé dos próprios membros. Isso explica a preocupação da Igreja com a formação do catequista, em cujas mãos ela coloca o seu futuro. Com efeito, não é exagerado afirmar que o futuro da Igreja depende, em muito, de uma ação catequética iluminada, pois dela faz parte a ideia de Deus, de Jesus, de Igreja, do sentido da existência e da salvação. É nesse sentido que se coloca a decidida afirmação do Papa João Paulo II: "A Igreja, neste século XX prestes a terminar, é convidada por Deus e pelos acontecimentos, que também são apelos de Deus a consagrar à catequese os seus melhores recursos de pessoal e de energias, sem se poupar a esforços, trabalhos e meios materiais, para organizá-la melhor e formar para ela pessoas qualificadas" (CT, 15). E, devido à urgência, os bispos, primeiros responsáveis da ação catequética dentro da Igreja, devem ter claro "que a preocupação de promover uma catequese ativa e eficaz não ceda nada frente a qualquer outra preocupação, seja ela qual for", a fim de "suscitar e alimentar (...) uma verdadeira paixão pela catequese: uma paixão, porém, que se encarne numa organização adaptada e eficaz, que empenhe na atividade as pessoas, meios e instrumentos e também os recursos financeiros necessários" (CT, 63). Diante dessa urgência, mais numa vez constatada, surge o documento *Iniciação à vida cristã*.

Entre os meios necessários para essa empreitada, em primeiro lugar está a "consagração dos melhores recursos de pessoal", entre eles

---

[2] Id., n. 94.

o catequista, dedicando-lhe atenção e preocupação constante, vigilante e efetiva, oferecendo à sua formação todos os meios, a fim de tornar eficaz sua imprescindível ação de educador da fé. Elemento determinante dessa formação será uma sólida espiritualidade que, além de alimentar o caminho para a santidade pessoal do catequista, lhe proporciona um válido e imprescindível instrumento de eficácia em sua ação catequética.

1. O necessário ponto de partida

Ao catequista, ao qual a comunidade eclesial confia a educação da fé de seus membros, podem ser atribuídas várias tarefas. Mas é preciso delinear o seu campo, sublinhando as urgências em sua atuação de educador da fé. Ao título do documento *Iniciação à vida cristã*, segue-se uma complementação que explica o específico da ação catequética e da missão do catequista: itinerário para formar discípulos missionários. Aqui se encontra o próprio da ação catequética, a finalidade da missão da Igreja e, dentro dela, a missão incansável do catequista, que é fazer discípulos! E discípulos missionários! Discípulos que, tendo encontrado o Mestre, o caminho que os leva ao encontro do Pai, não podem conter em si essa alegria e saem pelo mundo gritando: "Encontrei Jesus!". O catequista, tendo feito essa experiência decisiva, sente a urgência de comunicar aos outros membros de sua comunidade essa alegria e indicar o caminho.

O catequista saberá avaliar o resultado de seu labor catequético não a partir do número de catequizandos que encaminhou ao Batismo, nem do número de crianças que conduziu à Primeira Eucaristia, ou do número de crismandos que levou ao recebimento dos dons do Espírito, mas a partir desta constatação: os meus catequizandos se tornaram discípulos de Jesus. A certeza da realização dessa missão está na alegre constatação de que esses discípulos são e serão missionários, isto é, apaixonados por Jesus. É a missão da Igreja: fazer discípulos. E é nisso que a Igreja encontra sua razão de ser: "Vão e façam discípulos de todas as nações" (Mt 28,19)! Tudo o mais deve ser considerado a partir dessa prioridade.

Ser catequista é "levar alguém a perscrutar o Mistério de Cristo em todas as suas dimensões", isto é, "procurar desvendar na Pessoa de Cristo todo o desígnio eterno de Deus que nela se realiza" (CT, 5), e isso só pode acontecer quando o catequizando se põe no seguimento de Cristo, tornando-se seu discípulo.

Fazer discípulos é uma ordem peremptória de Jesus. Se analisarmos a estrutura de Mateus 28,19-20: "Vão e façam discípulos de todas as nações, batizando-os em nome do Pai e do Filho e do Espírito Santo, ensinando-os a obedecer a tudo o que eu lhes ordenei", em que Jesus manifesta o sentido do mandato confiado aos apóstolos, perceberemos que o pedido de fazer discípulos é central, e está na base da própria evangelização. Na passagem em questão, a atenção e a intenção de Jesus recaem sobre o verbo principal: fazei discípulos (*matheteúsate*). O ensinando (*didascontes*) e batizando (*baptizontes*), verbos no particípio, são secundários, e explicam como realizar o mandado de fazer discípulos. Foi assim que o entendeu São Paulo, quando afirmava aos Coríntios: "Dou graças a Deus por não ter batizado a nenhum de vós, com exceção de Crispo e de Gaio... Porque Cristo não me enviou para batizar, mas para pregar o Evangelho" (1Cor 1,14.17), cuja finalidade é fazer discípulos (Mt 28,19).

O catequista, tendo descoberto o Mistério de Cristo, se torna discípulo missionário com a missão de conduzir os irmãos na fé ao encontro com Cristo, para se tornarem, por sua vez, discípulos missionários.

2. Os passos do itinerário para formar discípulos missionários

O catequista, formado discípulo para formar discípulos, já percorreu os passos que o levaram ao encontro de Jesus e a se tornar discípulo dele. O catequista discípulo, observando e ouvindo o Mestre, apreende dele como se aproximar dos catequizandos e conduzi-los ao seu encontro. Um dos exemplos paradigmáticos dessa aproximação de Jesus nos é dado pelo relato do encontro dele com a samaritana, que pode iluminar o catequista em sua ação. Esse encontro de Jesus com a samaritana é relatado no quarto capítulo de João, e constitui o primeiro capítulo do documento *Iniciação à vida cristã*.

Esse relato tem a vantagem de mostrar como o encontro com Jesus pode modificar a nossa vida e também a dos outros. Nesse encontro de Jesus com a samaritana, muitos podem encontrar-se, pois

> não há homem ou mulher que, na sua vida, não se encontre, como a mulher da Samaria, ao lado de um poço com uma ânfora vazia, na esperança de encontrar que seja satisfeito o desejo mais profundo do coração, o único que pode dar significado pleno à vida.[3]

No seguimento o discípulo se coloca à escuta do Mestre, realizando assim a configuração com ele. A força para levar a termo essa configuração vem da graça dos sacramentos da iniciação cristã.

A catequese de João sobre o mencionado encontro oferece ao catequista, além de um percurso pessoal, uma luz sobre sua ação catequética. Assim como Jesus parte do problema imediato da samaritana – a sede –, o catequista, seguindo o método do Mestre, se coloca à escuta do catequizando, de suas aspirações, bem como das motivações e esperanças que o levaram a iniciar o percurso catequético. Nessa busca, o catequizando descobrirá que também Jesus está em busca dele; que Jesus se importa com ele e o está esperando para um encontro pessoal. Jesus também tem sede e pede água; tem sede de um encontro pessoal com cada um. Nessa sede de Jesus o

---

[3] *Iniciação à vida cristã*, cit., 11.

catequizando descobrirá o dom de Deus. Essa reciprocidade permite superar as distâncias, pois se estabelece um encontro entre as necessidades humanas (as expectativas dos catequizandos) e a gratuidade de Deus ("Se conhecesses o dom de Deus!"), fonte de água viva que o catequizando busca no poço da catequese. Como a samaritana, também o catequizando, por etapas sucessivas, descobrirá Jesus como o homem judeu, profeta, Messias e Salvador e, nele, o sentido de sua vida. É o momento em que o catequizando experimenta que a água oferecida por Jesus é a resposta à sua sede, e o pedido será inequívoco: "Senhor, dai-me desta água" (Jo 4,15).

Feita essa experiência, o catequizando, com a iluminação e a graça dos sacramentos da iniciação cristã, sentirá a necessidade, como a samaritana, de comunicar a sua experiência aos outros: "Vinde ver!" (Jo 4,29). É o discípulo missionário, o seguidor de Jesus que, configurando-se a ele, se torna, por sua vez, testemunha de Jesus, o revelador do Pai das misericórdias. Tudo tem início no encontro pessoal com Jesus, que está na base da fé que vai gerar um processo contínuo de crescimento, como afirmou o Papa Bento XVI no início da encíclica Deus é amor: "Ao início do ser cristão, não há uma decisão ética ou uma grande ideia, mas o encontro com um acontecimento, com uma Pessoa que dá à vida um novo horizonte e, dessa forma, o rumo decisivo".

3. A lição da história no processo de iniciação à vida cristã

Tem-se falado muito da insuficiência do processo catequético atual, que, em geral, se mostra preocupado apenas com a preparação pontual aos sacramentos. Isso fez com que a atenção se voltasse, quase exclusivamente, às crianças. A constatação da insuficiência desse modelo tem despertado certa apreensão com relação à catequese com adultos. Apesar de o RICA ter sido publicado em 1972 e o documento da CNBB *Catequese renovada* dedicar um parágrafo importante ao assunto, no Brasil o RICA continua praticamente desconhecido, e onde é "aplicado" não mostra significativo resultado, pela grave e crônica falta de pastoral de conjunto nas dioceses.

O documento *Catequese renovada* tinha feito um apelo à importância da catequese com adultos. Depois de ter afirmado que "É na direção dos adultos que a evangelização e a catequese devem orientar seus melhores agentes", o documento, no parágrafo 130, destaca dois motivos que justificam essa importante mudança:

– "São os adultos que assumem mais diretamente, na sociedade e na Igreja, as instâncias decisórias e mais favorecem ou dificultam a vida comunitária, a justiça e a fraternidade [...]".

– Os adultos, num processo de aprofundamento e vivência da fé em comunidade, criarão, sem dúvida, fundamentais condições para a educação da fé das crianças e dos jovens, na família, nas escolas, nos meios de comunicação social e na própria comunidade eclesial. Essa preocupação era e permanece necessária e urgente.

No nosso contexto de mudança de época, e não apenas época de mudanças (DAp 44), é preciso transformar também práticas pastorais para promover um encontro luminoso com Cristo, que nos permite alegre acesso ao Pai da misericórdia que Jesus veio revelar. Isso explica a insistência de uma catequese querigmática e catecumenal nestes últimos decênios. A história do processo de iniciação à vida cristã, sobretudo relativa aos primeiros séculos, pode oferecer nova inspiração à ação catequética.

Para ficar no exemplar episódio da samaritana, é preciso que o catequista, como Jesus no poço de Sicar, sente-se ao lado de seu catequizando para tornar presente Jesus na vida dele e encontrá-lo. A história da catequese na Igreja, sobretudo no período da Patrística, mostra como é importante esse acompanhamento que hoje deve ser personalizado. O capítulo 2 do documento *Iniciação à vida cristã* apresenta uma leitura sintética desse período que permanece como referência na Igreja. Já em 1983, o documento *Catequese renovada* tinha apresentado uma explanação sintética, mas preciosa, desse período inspirador da educação da fé, onde a comunidade exercia um papel determinante e a catequese se apresentava como iniciação à fé e à vida da comunidade: catequese e comunidade caminhavam juntas (CR 4-7).

Na problemática atual, gerada por uma dramática "mudança de época" (DAp 21), a catequese não parte do zero. Em primeiro lugar, há a prática de Jesus como exemplo. Ele tinha uma extraordinária capacidade de acolher as pessoas, cada uma delas; de compreensão de sua situação e de valorização. Cada pessoa, para Jesus, era única e especial, por isso estava acima das leis e tradições. Cada uma que experimentava a atenção de Jesus compreendia que a salvação era vida concreta, existência cotidiana que se realizava na relação pessoal com Deus, o Pai amoroso que Jesus revelava, e com os irmãos. Experimentava que a salvação, o encontro com Jesus, era libertação do pecado, das limitações humanas e das injustiças. Basta pensar na adúltera, em Mateus, no cobrador de impostos, nos muitos doentes que se encontravam com Jesus: cada pessoa era encontrada e acolhida em sua situação pessoal. Seguindo o exemplo de Jesus, o catequista terá uma atenção especial para as situações pessoais e irrepetíveis de cada catequizando, a fim de descobrir o melhor caminho para levá-lo a Jesus, a partir da experiência de vida de cada um.

O catequista pode contar também com o passado da ação catequética da Igreja, sobretudo dos primeiros séculos, que, nesse aspecto, podemos definir como luminoso e que, como tal, pode dar um grande impulso na busca constante de novos caminhos para o seguimento de Jesus, que é a finalidade da catequese: "Ide, fazei discípulos" (Mt 28,19).

Assim como o Mestre, também a Igreja se aproximou dos que desejavam encontrar Jesus, indicando caminhos. Com efeito, a partir do segundo século, a Igreja começa a estruturar um processo para a iniciação à vida de fé e, também, para a construção da identidade dos novos membros, o que, mais tarde, tomará o nome de catecumenato, isto é, período de instrução. Tratava-se de um processo – de um caminho em etapas – bem articulado que era uma verdadeira iniciação, isto é, introdução à Palavra de Deus, à fé e vida em comunidade, à vida sacramental, à vida fraterna, que se foi aperfeiçoando até meados do século IV, proporcionando oportunidades sempre mais favoráveis e efetivas de encontro com Jesus. Com efeito, toda ação pastoral – evangelização, catequese, liturgia e caridade fraterna – deve visar a esse objetivo, pois, no encontro com Jesus, acha-se a salvação que o Pai continua oferecendo à humanidade. Quando a Igreja se afasta desse objetivo primário e fundamental, perde sua identidade de sacramento, isto é, de sinal de salvação para o mundo.

A experiência do catecumenato, para os adultos que se preparavam aos sacramentos da iniciação, terminou por várias razões. Era o período da conversão de inteiros povos à fé cristã; a cultura do Ocidente era "cristã", pois todos eram batizados e a fé se transmitia "naturalmente" pela família e pela sociedade. A construção de grandes igrejas, a pintura, os famosos vitrais, as dramatizações de episódios da Sagrada Escritura eram elementos valiosos de catequese e de espiritualidade. Assim, as pessoas nasciam num ambiente cristão e a transmissão da fé cristã acontecia como herança recebida: "nascia-se cristão", enquanto, dois séculos antes, Tertuliano havia afirmado que "cristão não se nasce, cristão torna-se". Era o tempo da "cristandade", tudo fazia respirar a fé cristã. Com o passar do tempo, tudo isso se tornou insuficiente. Mas a Igreja não descuida da formação e educação da fé de seus membros, buscando em cada época novos caminhos. Por exemplo, na época em que foi inventada a imprensa, se deu grande importância ao catecismo, e a catequese assumiu a característica de ensino centrado no conhecimento da doutrina da fé, na instrução moral, nas celebrações dos sacramentos e nas orações cristãs.

Assim como nas épocas passadas, também hoje o ambiente cultural mudou e, com isso, devem mudar também os métodos de transmissão da fé para se formar discípulos missionários. As mudanças atingem todos os ambientes: mudaram os valores e os modelos de comportamento. O Evangelho não mudou, mas mudaram os interlocutores: a nossa atenção deve dirigir-se não somente aos que vivem a fé e a caridade cristã, mas também aos que, mesmos batizados, se afastaram da comunidade de fé, e aos não batizados, pois o Evangelho se destina a todos e é um direito de todos, porque Deus quer a salvação de todos. A realidade nos apresenta outros desafios que devem ser conhecidos em sua consistência para poder dar uma resposta adequada. O Papa Francisco, na sua exortação *A alegria do Evangelho*, elenca alguns desses desafios, que é bom lembrar para saber em que águas nós, catequistas – a quem a comunidade confiou a educação da fé de seus membros –, estamos nadando.

Antes de dar uma olhada em alguns desses desafios indicados pelo Papa Francisco, e retomados pelo documento *Iniciação à vida cristã*, é preciso constatar que hoje a cultura não favorece a fé, como acontecia nas épocas de cristandade. A própria família, berço da fé, é incapaz de transmitir a fé, e nós sabemos da importância e da necessidade da catequese familiar. Hoje, não é raro encontrar numa mesma família experiências religiosas diferentes que desnorteiam, sobretudo, as crianças e os adolescentes. Nem a sociedade é propícia à fé, que é relegada ao âmbito individual, quando não é abertamente hostilizada. Vivemos num mundo paganizado no modo de conceber a vida, a existência e os modelos de comportamento. Mas, diante dessa situação, não se deve dar espaço para o desânimo: "Coragem, eu venci o mundo", continua dizendo Jesus (Jo 16,33). E como Jesus "percorria todas as cidades e povoados, ensinando em suas sinagogas, pregando a Boa Notícia do Reino, curando toda doença e enfermidade, nós também, como ele, devemos ser tomados de compaixão diante das multidões de nossos dias, cansadas e abatidas, como ovelhas sem pastor (Mt 16,35-36), pois o catequista é homem e mulher de serviço e de esperança.

Eis os desafios apontados pelo Papa Francisco:

– A fragilidade dos vínculos familiares: a família continua passando por diversas mudanças; neste panorama, a família tradicional é contestada, e surgem novos tipos de família, como a de pais do mesmo sexo, que são promovidas pela sociedade e pelas leis. Não é raro que, dentro da família, cada um crie seu próprio mundo, com sua independência de vida, de economia e de horários. É crescente o perigo do individualismo exasperado não só enfraquecer, mas desvirtuar os laços familiares. O catequista encontrará, com sempre maior frequência, os pais de crianças e adolescentes que se preparam para os sacramentos da iniciação cristã em situações "irregulares", que, para seus pais e boa parte da sociedade, em nome da tolerância, são consideradas regulares e normais. Isso exige que o catequista deva conhecer tanto essas situações quanto a doutrina da Igreja. O fato de ser um fenômeno comum na sociedade e aceito pela opinião pública não significa que esteja de acordo com o Evangelho. O Papa Francisco alerta que "Como cristãos, não podemos renunciar a propor o matrimônio, para não contradizer a sensibilidade atual, para estar na moda, ou por sentimento de inferioridade em face do descalabro moral e humano". Fazendo isso, "estaríamos privando o mundo dos valores que podemos e devemos oferecer" (AL 35). O catequista é um educador, um iniciador nos valores do Evangelho e no seguimento do Jesus e, para isso, tem sua referência nos princípios que brotam do Evangelho. Mas a primeira coisa a evitar é que os catequizandos sofram o peso destas situações.

– A perda do sentido do sagrado, da transcendência e do pecado que gera um relativismo dos valores, que coloca tudo no mesmo nível: "O que é que tem...? Todo mundo faz assim!", justificando, do ponto vista ético, todo e qualquer comportamento. O enfraquecimento da fé e da prática religiosa leva a uma das maiores pobrezas da cultura atual, que é "a solidão, fruto da ausência de Deus na vida das pessoas e da fragilidade das relações" (AL 43).

– A perda do senso de pertença comunitária provocada pelo individualismo que enfraquece os laços entre as pessoas, na família, na comunidade eclesial e na sociedade. Entre outras causas, o mau uso da internet está gerando esse enfraquecimento, pois favorece os vínculos distantes e virtuais – por sua natureza efêmeros e, por isso mesmo, facilmente descartáveis, numa cultura do provisório –, mas afasta e enfraquece os vínculos com pessoas mais próximas, que são as que, realmente, permanecem ao longo do tempo.

Como explicar o êxodo de tantos católicos para outras denominações cristãs ou outras religiões, senão pela falta de pertença e de identidade? A iniciação à vida cristã, enquanto processo de contínua descoberta e afirmação, favorece a pertença a Jesus Cristo e à sua comunidade. A catequese de confirmação e a catequese com adultos são uma ótima oportunidade para levar o catequizando à pertença como expressão de sua identidade cristã, não somente pela consolidação da doutrina, mas também pelo envolvimento na vida da comunidade eclesial, através da participação nas pastorais. Nesse sentido, são sumamente recomendáveis as experiências pastorais – estágios pastorais – de jovens crismandos e adultos, pois ninguém ama o que não conhece.

Diante disso, torna-se urgente o processo de iniciação cristã com tudo que ele implica. Não podemos desconsiderar que não vivemos mais num contexto de cristandade, quando as coisas da fé fluíam naturalmente e a transmissão era garantida pelo próprio contexto sociocultural. A pastoral de manutenção, ainda fortemente presente em nossa prática pastoral e catequética, que se contenta com uma catequese escolar e uma atividade simplesmente sacramental que não exigem muito esforço, deve ceder espaço a uma pastoral decididamente missionária. O encontro com Jesus – objetivo de toda pastoral e catequese – é sempre possível, mesmo nos tempos de hoje.

Mas é preciso propô-lo de maneira cativante, numa relação pessoal, na qual a vivência e o testemunho têm um papel importante e insubstituível. Para tanto, devemos estar à escuta dos sinais dos tempos, das expectativas, ansiedades e esperanças do nosso tempo que, lidos à luz da fé, nos revelam os caminhos que Deus está abrindo em nosso mundo. Tudo isso exige a conversão pastoral da comunidade e do próprio catequista, os quais devem estar sempre prontos a captar esses sinais que Deus lança em cada pessoa e em cada época. O catequista, como educador da fé, deve estar sempre de atalaia: olhos atentos para ver, ouvidos afinados para ouvir, mãos dispostas para servir, testemunho e alegria para mostrar e indicar os caminhos que Deus usa para se revelar.

Essa renovação pastoral catequética deve ser centrada no primeiro anúncio essencial da fé, no querigma, que, não podemos esquecer, é essencialmente trinitário: Jesus Cristo, enviado pelo Pai, ama e dá sua vida para nos salvar, e agora vive conosco todos os dias na Igreja guiada pelo Espírito Santo, para iluminar, fortalecer e libertar. E esse primeiro anúncio, lembra o Papa Francisco, na boca do catequista deve voltar a ressoar sempre (cf. EG 164). Nesse sentido, todo desenvolvimento da catequese, nas suas diversas etapas, e toda formação são primeiramente aprofundamento do querigma "que se vai, cada vez mais e melhor, fazendo carne, que nunca deixa de iluminar a tarefa catequética e permite compreender adequadamente o sentido de qualquer tema que se desenvolve na catequese" (EG 165).

No contexto da problemática atual, sejam quais forem as situações, mesmo as mais contrastantes, o catequista sempre terá atitudes que brotam do Evangelho e, por isso, não condenam: proximidade, abertura ao diálogo, paciência, acolhimento e, sobretudo, testemunho alegre, pois nossa época também quer escutar as testemunhas, tendo, como dizia o Papa Paulo VI, "sede de autenticidade... reclama evangelizadores que lhe falem de um Deus que eles conhecem e lhes seja familiar como se eles vissem o invisível" (EN 68). A iniciação cristã será, assim, um processo que conduz para dentro do mistério amoroso do Pai que se experimenta na comunidade eclesial, a comunidade dos discípulos que professa, celebra, vive e testemunha a fé em Jesus Cristo revelador do Pai, no Espírito Santo. Isso é fazer da Igreja uma casa da iniciação cristã, caminho necessário para evangelizar no contexto atual.

4. Com a Igreja no processo de iniciação à vida cristã

O capítulo terceiro do documento *Iniciação à vida cristã* trata do necessário discernimento que devemos ter como Igreja. Com efeito, a ação catequética se caracteriza como uma ação eclesial pela qual a comunidade se encarrega, através dos catequistas, da educação na fé de seus membros. A iniciação, hoje, se tornou uma exigência urgente da missão da Igreja. Essa urgência vem da necessidade de formar cristãos firmes e conscientes numa época, como a nossa, em que a opção religiosa não vem da tradição e imersão cultural, mas de uma opção pessoal. Por isso, as diretrizes do quadriênio pastoral da Conferência Nacional dos Bispos do Brasil, para os anos 2015-2019, colocam entre as cinco urgências, em segundo lugar: "A Igreja como casa da iniciação à vida cristã". Com efeito, é a Igreja que acolhe, orienta e gera os novos filhos, proporcionando o encontro pessoal com Jesus e a fraternidade entre eles.

Por iniciação à vida cristã se entende a iniciação ao conjunto orgânico do mistério cristão e da missão da Igreja, que vai além da mera preparação a este ou aquele sacramento. Isso porque a inserção na vida de Deus, realizada em Jesus Cristo e que a iniciação à vida cristã proporciona, se expressa em atitudes concretas de missão e testemunho de fraternidade, que se desdobram na solidariedade, na prática da justiça por um mundo mais humano, sinal do reinado de Deus. Assim, ela renova a vida da comunidade eclesial e desperta seu caráter de serviço. Nesse sentido, a iniciação à vida cristã é tão importante que o documento não hesita em afirmar que ela é articuladora de todas as exigências da ação evangelizadora.[4] Com efeito, a iniciação à vida cristã não é uma pastoral a mais, mas o eixo central e objetivo de toda a ação evangelizadora e pastoral, pois a atual mudança de época exige que o anúncio de Cristo – o mergulho no seu mistério – seja explicitado continuamente. A esse propósito, o Papa Francisco, falando do querigma, dizia: "Na boca do catequista, volta a ressoar sempre o primeiro anúncio" (EG 164).

Dando uma olhada na história da Igreja antiga, percebemos que a tarefa de iniciar na fé coube à catequese e à liturgia, tendo como centro a imersão no Mistério de Cristo e da Igreja. Com o tempo, houve uma separação entre as duas. Graças ao Concílio Vaticano II (1962-1965), deu-se uma reaproximação que significou a renovação da catequese e a retomada da sua dimensão catecumenal, com o objetivo de uma formação inicial e, ao mesmo tempo, permanente do discípulo missionário. Essa iniciação se apresenta como um caminho progressivo, isto é, em etapas, de ritos e ensinamentos que visam à transformação do catequizando. Essa transformação que os Evangelhos chamam de metanoia é uma verdadeira conversão, pois se trata de mudança do modo de pensar e de agir, "uma conversão radical, uma modificação profunda dos modos de ver e do coração" (EN 10).

A iniciação à vida cristã, conduzida como processo catecumenal, é importante porque cria gradual e progressiva revisão de atitudes, escolha e comportamentos que levam a uma efetiva conversão da própria vida.[5] Com efeito, sem conversão, a evangelização não deixa marcas, pois ela deve mudar o modo de pensar e agir para nos colocar em sintonia com o novo estilo de vida que a adesão a Cristo

---

[4] *Iniciação à vida cristã: itinerário para formar discípulos missionários*, cit., cap. III, 3.1.

[5] RICA, Observações preliminares gerais, n. 19.

exige. Nesse processo, a interação entre fé e vida é assegurada, e esse testemunho é capaz de atrair, com certeza, novas adesões a Jesus.

4.1. A iniciação como mergulho pessoal no Mistério de Deus

Um primeiro objetivo da iniciação é o mergulho no Mistério de Deus, que possui um caráter fortemente simbólico. Na experiência religiosa o símbolo é importante porque fala mais do que a palavra, pois indica algo mais na relação entre as pessoas, mexe com os sentimentos e fortalece os compromissos. Ao longo do antigo catecumenato, eram realizados vários ritos como: imposição das mãos, unções, exorcismos, orações, que foram retomados também pelo RICA. É que, através dos símbolos e ritos, o iniciante realiza o encontro com Deus, que descobre presente nos acontecimentos de sua vida pessoal e comunitária.

A iniciação à vida cristã nos introduz no diálogo da salvação, chamando-nos a ter uma relação filial com Deus, em Cristo, como filhos no Filho, introduzindo-nos na vida nova da graça, que é a participação na natureza divina, coração da iniciação cristã. Os Padres da Igreja expressavam essa novidade chamando o recém-batizado de neófito, planta nova. Se o iniciado é planta nova, deve desejar e operar seu crescimento até a estatura de Cristo (Ef 4,13). Essas belas verdades da nossa fé devem entusiasmar o iniciando e devem ser sempre retomadas pelo catequista como motivação para a perseverança na fé e vida em comunidade.

No acompanhamento desse desenvolvimento, a comunidade tem um papel importante e imprescindível. A esse propósito, é bom lembrar o que o Papa Francisco afirmou na *Evangelii gaudium*:

> Em uma civilização paradoxalmente ferida pelo anonimato... os ministros ordenados e outros agentes de pastoral podem tornar presente a fragrância da presença solidária de Jesus e o seu olhar pessoal. A Igreja deverá iniciar os seus membros – sacerdotes, religiosos e leigos – nesta

arte do acompanhamento... Devemos dar ao nosso caminhar o ritmo salutar da proximidade (EG 169).

Acompanhamento e proximidade que são virtudes necessárias ao catequista, iniciador e educador da fé.

4.2. A iniciação como mergulho pessoal do Mistério de Cristo

Os Atos dos Apóstolos nos informam que, em Antioquia, os seguidores de Jesus de Nazaré foram chamados, pela primeira vez, de cristãos (At 11,16). Eles eram perseguidos e mortos – mártires – não somente pela fé em Deus, mas, sobretudo, pela fé em Jesus Cristo Deus. O interessante é que não são reconhecidos pelo nome do pregador e mestre de Nazaré – Jesus. Com efeito, também não são chamados de jesuítas, seguidores de Jesus, mas sim identificados pela sua missão: Cristo, o ungido e enviado (cf. Lc 4,18). Cristãos porque ungidos, como Cristo. Cristãos porque encontram Deus através de Cristo que se apresenta como o único caminho que leva a Deus e, sem ele, ninguém conhece – tem acesso – a Deus (Jo 14,6). Mergulhar no Mistério de Cristo significa ser mergulhado no Mistério de Deus, pois é na pessoa do Filho que se revela o Mistério de Deus. O mistério ou sacramento – segundo se use o termo grego ou latim – no Novo Testamento significa a ação salvadora de Deus na história, que chega à plenitude na pessoa de Jesus de Nazaré. São Paulo o explica na carta aos Colossenses nestes termos:

> Estou lutando por vocês... Esforço-me para que sejam fortalecidos em seu coração, estejam unidos em amor e alcancem toda a riqueza do pleno entendimento, a fim de conhecerem plenamente o mistério de Deus, a saber, Cristo. Nele estão escondidos todos os tesouros da sabedoria e do conhecimento (Cl 2,1-3).

Tudo que podemos conhecer de Deus se encontra na pessoa de Jesus, por isso, podemos concluir, com São Paulo, que o Mistério de Deus é Cristo. Para entrar nesse mistério, não temos outro caminho a não ser Jesus Cristo "chave, centro e fim de toda a história humana" (GS 10). Mergulhar nesse mistério é o objetivo da iniciação que acontece pela mediação da Igreja, que acolhe e companha os que se propõem a realizar o caminho da fé, recebendo dela os fundamentos da vida cristã e a incorporação a Cristo.

As pessoas, pelo processo catecumenal, são iniciadas no Mistério de Cristo e na Igreja. Essa dupla iniciação acontece concomitantemente. A iniciação constitui a identidade do cristão que se explicita no serviço apostólico, participando ativamente na evangelização; no serviço sacerdotal, colaborando pessoalmente nas celebrações litúrgicas; no serviço da caridade, comprometendo-se na luta por uma sociedade mais justa e fraterna. Por isso, a iniciação não é um momento isolado da vida cristã; é um processo que acompanha todos os momentos da vida. O Batismo introduz uma tensão na vida do cristão, que o faz desejar uma possessão mais plena dos dons recebidos. O ideal da vida cristã consiste em ser em plenitude o que já se é pelo Batismo: "Exorto-vos a levardes uma vida digna da vocação que recebestes" (Ef 4,1). O Batismo deve encontrar seu prolongamento na vida, aliás, a vida cristã consiste em aprofundar sempre mais a graça do Batismo: a beleza da graça batismal admite e exige crescimento, tarefa que nos ocupa durante a existência toda.

4.3. A iniciação como mergulho no Mistério de Cristo mediante a Igreja

A iniciação começa quando a Igreja acolhe: sem Igreja e sem sua acolhida não há iniciação. A Igreja é a fonte, o lugar e a meta da iniciação; ela é o sujeito indispensável. É através da acolhida, testemunho e responsabilidade no acompanhamento, que a Igreja oferece a forte e atraente experiência de fé e comunhão para o iniciado. Em tudo isso a Igreja será animada pela inspiração catecumenal, segundo sua natureza originária que a faz ser querigmática, pois anuncia a verdade fundamental manifestada em Jesus Cristo, e missionária, pois ela existe para evangelizar, cumprindo o mandato do Senhor: "fazei discípulos" (Mt 28,20). Isso exige uma mudança de paradigma, uma conversão pastoral, uma catequese entendida como processo formativo na fé e vida em comunidade, numa palavra, uma Igreja mãe de coração aberto, uma Igreja em saída (EG 46).

Não é supérfluo lembrar, mais uma vez, que o iniciado, sobretudo adulto, deve poder fazer essa experiência de Igreja. Durante seu percurso, ele deve poder se inserir nas diversas pastorais e atividades que lhe permitam escutar as palpitações do coração de uma Igreja solícita, solidária, misericordiosa e que, nesse serviço, irradie aquela alegria que brota do anúncio do Evangelho. Uma Igreja querigmática e missionária não se pode furtar a esse testemunho que, sem dúvida, será capaz de gerar discípulos missionários que, por sua vez, estimularão ainda mais a comunidade que os acolheu, os educou e os enviou. Sem isso, a catequese não sairá do estilo escolar, não despertará a atração e perderá a grande oportunidade de suscitar o senso de pertença, o único modo de garantir perseverança na vida de fé em comunidade. Esse processo de iniciação é essencial, pois, como afirma o Documento de Aparecida: "Ou educamos na fé, colocando as pessoas realmente em contato com Jesus Cristo e convidando-as para o seu seguimento, ou não cumpriremos nossa missão evangelizadora" (DAp 287).

5. A necessária retomada e insistência sobre o querigma na iniciação

O capítulo quarto do documento *Iniciação à vida cristã* propõe caminhos para implantação do processo de iniciação nos diferentes níveis da comunidade eclesial, levando em conta o RICA – Rito da Iniciação Cristã de Adultos,[6] a partir da reflexão sobre o encontro

[6] Para uma visão da aplicação do RICA, cf. LELO, Antônio Francisco. *A iniciação cristã. Catecumenato, dinâmica sacramental e testemunho*. São Paulo, Paulinas, 2005.

de Jesus com a samaritana e acentuando a importância do querigma. Por querigma não se entende uma propaganda para fazer proselitismo. É o essencial sobre a pessoa e a mensagem de Jesus de Nazaré que nos permite entrar em contato com ele, e no espírito missionário pedido por Jesus: "Ide e fazei discípulos" (M 28,20), comunicá-lo aos outros, contagiando-os com a nossa experiência de um feliz encontro pessoal: "O que vimos e ouvimos, o que nossas mãos tocaram da Palavra da vida... isso nós vos anunciamos" (1Jo 1,1). Essa abertura missionária é essencial, pois sem isso não existe verdadeira iniciação e o anúncio do Evangelho é prejudicado. A retomada constante do querigma é importante também para a própria vida da comunidade eclesial. Nele a comunidade reencontra o primeiro ardor, a necessária oportunidade de se reavivar em seu entusiasmo de testemunho e de missão, o melhor modo de formar discípulos que pratiquem a fraternidade e o amor ao próximo e de ir sempre mais adiante no caminho de Jesus, que tem uma repercussão comunitária e social, pois, "no próprio coração do Evangelho, aparece a vida comunitária e o compromisso com os outros. O conteúdo do primeiro anúncio tem também uma repercussão moral imediata, cujo centro é a caridade" (EG 177).

5.1. Como propor o querigma?

O catequista, além de conhecer o conteúdo do querigma em sua integralidade e dar seu testemunho de vida, que é o primeiro requisito de uma transmissão eficaz, deve se preocupar também com o modo de transmiti-lo. Aqui entra o conhecimento de alguns elementos de metodologia catequética que não se reduzem à mera tecnicidade, mas envolvem a vida do próprio catequista. Disso se ocupa o documento *Iniciação à vida cristã: itinerário para formar discípulos missionários*, no cap. IV. Seguem algumas dessas formas.

1. *Narrativa e testemunhal*: no anúncio de Jesus, o catequista narra a própria história de crente discípulo que o impulsiona a ser

missionário, em primeiro lugar em relação ao catequizando. Jesus é narrado, sobretudo, com e na vida do catequista, mostrando a força e a beleza do encontro com Jesus e de sua alegre adesão a ele, de modo a despertar no catequizando a abertura ao dom da fé. Não podemos esquecer que Evangelho significa Boa Notícia, notícia que traz alegria, e que esse anúncio deve encher de alegria "o coração e a vida inteira daqueles que se encontram com Jesus" (EG 1). Devemos ter presente isso, sobretudo olhando para o nosso mundo, muitas vezes afligido pela tristeza, que tenta afogar-se nas múltiplas avassaladoras ofertas de consumo que só aumentam a tristeza individualista que brota do coração comodista e mesquinho da busca desordenada de prazeres superficiais, isolando-se dos outros (cf. EG 2).

O catequista deve mostrar que valeu a pena ter encontrado Jesus, pois nele descobriu outras motivações e razões para viver. Sem a presença de Jesus narrada em sua vida, sua catequese será inócua e o anúncio não provocará atração no catequizando. Quando o catequista acolhe em sua vida o amor de Deus manifestado em Jesus, dificilmente pode conter o desejo de comunicá-lo aos outros. E o catequizando, que, sem dúvida, vai perceber isso, não poderá ficar indiferente e se deixará contagiar por esse testemunho, pois "A Igreja cresce não por proselitismo, cresce por atração do testemunho alegre do anúncio de Cristo ressuscitado".[7]

2. *Atraente*: o anúncio da fé cristã visa proporcionar o encontro com Jesus, para isso não precisa de muitos rodeios, mas de palavras claras, exposição breve, inteligente e convincente. Isso vai evitar cansaço, indisposição, enfado, tédio, e inevitável distração. Para isso se exige preparação por parte do catequista, tanto para o conteúdo quanto para a metodologia, que exige criatividade e não dispensa a ousadia.

[7] PAPA FRANCISCO. Homilia na missa de ação de graças pela canonização de São José de Anchieta, na Igreja de Santo Inácio, em Roma, no dia 25 de abril de 2014.

3. *Expositiva*: para a exposição da fé cristã, o catequista encontra seu primeiro apoio indispensável na Sagrada Escritura; o catecismo permanece um elemento importante; no manual escolhido com cuidado e em outros manuais que complementam o conteúdo; e em outros subsídios que a criatividade e o zelo sugerem. É importante que ao catequizando se mostre a beleza da fé, a alegria e a felicidade verdadeira que ela produz, a abertura de coração aos outros, sobretudo aos mais necessitados. Aqui entra o testemunho de vida do próprio catequista, de personagens bíblicos, dos santos que encontram, na fé em Jesus Cristo, razões para viverem felizes. O verdadeiro encontro com Jesus proporciona aquela felicidade que todos procuramos, mas que muitas vezes não encontramos porque trilhamos caminhos errados, pois, como dizia Paulo VI: "a sociedade técnica teve a possibilidade de multiplicar as ocasiões de prazer; no entanto, ela encontra dificuldades grandes no engendrar também a alegria". A continuação dessa reflexão do papa se aplica particularmente ao catequista:

> Esse testemunho que nasce da alegria assumida, aceita e depois transformada em anúncio, é uma alegria fundada. Sem esse gozo, sem essa alegria, não se pode fundar uma Igreja, não se pode fundar uma comunidade cristã. É uma alegria apostólica, que se irradia, que se expande.[8]

Somente assim a palavra e a mensagem do catequista podem tocar o coração do iniciando na fé.

4. *Estética*: a estética diz respeito ao belo. A exposição do catequista deve esmerar-se em mostrar o belo, o agradável do conteúdo da fé. A busca e o encontro de Deus podem ser estimulados de várias formas e não pode faltar, ao catequista, criatividade para isso. Jesus recorria às parábolas porque ofereciam elementos de fácil compreensão da sua mensagem e, ao mesmo tempo, atraíam a atenção

---

[8] Alegrai-vos no Senhor, 8.

dos ouvintes. A contemplação da natureza, assim como as obras de arte podem contribuir para a busca de Deus e despertar a sensibilidade do catequizando. São Paulo, em sua catequese, não descuidou desse recurso (cf. Rm 1,20), e o Catecismo da Igreja Católica o lembra como oportunidade de encontro com Deus.[9]

5. *Dialógica*: a catequese, sendo um ato de comunicação pelo qual se transmite a mensagem de Deus, é por sua natureza dialógica. Por isso, o catequizando não pode ser considerado um simples receptor, como pode acontecer numa transmissão de rádio ou televisão. Ele deve entrar no diálogo que Deus quer estabelecer com ele através da Igreja – seu sacramento – por meio do catequista. Assim, a relação entre o catequista e o catequizando é um intercâmbio sobre o sentido da vida, buscando dar a razão de sua esperança (cf. 1Pd 3,15). Pela importância da mensagem que transmite, o catequista deve cultivar e se esmerar na arte da comunicação. Seria supérfluo, a esse propósito, lembrar que os encontros devem ser cuidadosamente preparados e, na medida do possível, organizados junto com outros catequistas.

6. *Litúrgica*: na iniciação, catequese e liturgia andam de mãos dadas, porque na catequese a fé e a salvação são anunciadas, e na liturgia são celebradas. Os encontros de catequese, de certa forma, devem manter estilo e clima celebrativos, para não se reduzirem a uma árida lição escolar. Todo encontro deve ter um momento específico de oração; não basta iniciar e terminar com uma oração de praxe e, muitas vezes, distraída e apressada.

Mas também outras celebrações, como a do Batismo, da Eucaristia, do Matrimônio, das Exéquias, muitas vezes frequentadas por pessoas afastadas da fé, podem ser oportunidade para a proclamação do querigma, que deve sempre ser retomado na pregação e em todas as formas de formação.

---

[9] As vias de acesso ao conhecimento de Deus, parágrafos 31-32.

7. *Caritativa*: a alma do anúncio do Evangelho é o amor. Santo Agostinho firmou essa verdade da fé cristã na célebre frase que se encontra no seu livrinho sobre a catequese dos iniciantes, escrito para auxiliar o amigo Deogratias na sua tarefa catequética: "Ouvindo o anúncio da salvação, o mundo creia, crendo espere, esperando ame".[10] A fé leva à ação para realizar-se no amor, como bem explica São Paulo a Timóteo: "Toda Escritura é inspirada por Deus e útil para ensinar, para argumentar, para corrigir e para educar na justiça, a fim de que o homem de Deus seja perfeito e qualificado para toda boa obra" (2Tm 3,16-17): é a obra boa que qualifica a fé, que é assim traduzida num ato de amor. É nesse sentido que o apóstolo Tiago pode afirmar com vigor: "a fé sem obras é morta" (Tg 2,14).

O iniciando, integrando-se nas pastorais sociais, pode tomar consciência mais claramente das necessidades dos irmãos e da responsabilidade que ele tem como cristão. O Papa Francisco lembra que "O querigma possui um conteúdo inevitavelmente social: no próprio coração do Evangelho, aparece a vida comunitária e o compromisso com os outros. O conteúdo do primeiro anúncio tem uma repercussão moral imediata, cujo centro é a caridade" (EG 177). Já Bento XVI tinha chamado a atenção sobre um dos elementos constitutivos do Evangelho firmando que "também o serviço da caridade é uma dimensão constitutiva da missão da Igreja e expressão irrenunciável da sua própria essência".[11] Podemos afirmar que, assim como a Igreja é missionária por própria natureza, também brota inevitavelmente dessa natureza a caridade efetiva para com o próximo, a compaixão que o compreende, o assiste e o promove.

No que diz respeito ao querigma na iniciação, o contato com os pobres e excluídos pode facilitar a experiência da misericórdia de Deus e, por conseguinte, o engajamento na transformação social,

---

[10] Catequese dos iniciantes, 4,8. Coleção Patrística, 32, São Paulo, 2013.

[11] Carta apostólica *A íntima natureza da Igreja*. Proêmio.

para garantir o socorro imediato aos pobres, mas também para contribuir na resolução das causas estruturais da pobreza.

6. A importância da formação do catequista

Diante da urgente necessidade de retomar o querigma, apontada pelo documento *Iniciação à vida cristã*, e de suas implicações na ação catequética, a pergunta é: Qual é o desempenho do catequista no processo de iniciação cristã? Mesmo que a catequese seja uma tarefa de toda a Igreja, é necessário que a comunidade designe algumas pessoas especificadamente dedicadas à educação da fé de seus membros.

Diante do panorama desafiador em que se encontra a ação evangelizadora, o catequista deve abrir sua mente e seu coração para entrar nessa preocupação da Igreja – sentir com a Igreja – e se colocar à disposição da graça de Deus para que, lendo os sinais dos tempos, esteja à altura dos tempos. Isso exige do catequista uma preparação doutrinal, pois o Evangelho deve ser transmitido em sua integridade e em sua beleza. É a esse propósito que o Diretório Nacional para a Catequese, retomando o Diretório Geral, fala do saber do catequista.[12] A evangelização exige preparo, qualificação e atualização de seus agentes e, nesse aspecto, a formação do catequista é "prioridade absoluta", pois "Qualquer atividade pastoral que não conte, para a sua realização, com pessoas realmente formadas e preparadas, coloca em risco a sua qualidade" (DGC 234).

Além do saber, o catequista deve ter uma formação específica que o habilite a saber fazer, que diz respeito à competência metodológica que envolve conhecimentos de pedagogia e psicologia, mas também algumas virtudes determinantes para a eficácia da ação catequética:

– O relacionamento: o catequista é um comunicador, por isso deve ter e cultivar a qualidade das relações com as pessoas. Um aspecto

---

[12] Diretório Nacional de Catequese, parágrafo 269.

importante do relacionamento é a facilidade de dialogar, que exige a capacidade de escutar. O elogio dessa importante virtude se encontra numa bela passagem do primeiro livro dos Reis, quando Salomão é solicitado por Deus a fazer o seu pedido, na véspera de assumir o reino do pai Davi: "Ensinai-me a ouvir, para que eu saiba governar o teu povo e discernir entre o bem e o mal" (1Rs 3,9). Salomão pediu o que é essencial em qualquer relacionamento: saber ouvir.

– A educação: o catequista tem, dentro da Igreja, a missão de educar na fé. Ele é o educador que fará desenvolver potencialidades e capacidades para que o catequizando adquira a maturidade humana e cristã. Claro que cada catequista terá seu próprio estilo, adaptando à sua personalidade os princípios da pedagogia.

– A comunicação: uma vez que aprendeu a escutar, o catequista deve primar na arte da comunicação para transmitir, da melhor forma possível, a mensagem do Evangelho. O maior presente que podemos fazer a uma pessoa é proporcionar oportunidades de um encontro pessoal com Cristo, o dom da fé; o catequista faz isso por vocação. Pode ter alegria maior? Além da palavra, do relacionamento pessoal, do testemunho de vida, o catequista poderá ter à disposição também os instrumentos dos meios de comunicação.

– A pedagogia: o pedagogo é aquele que conduz. No modo de conduzir o iniciante no caminho da fé, o catequista se inspirará na pedagogia, no comportamento de Deus. É importante ressaltar que Deus, de uma forma definitiva em Jesus Cristo, quer entrar em diálogo na oferta que faz da salvação. Essa revelação aconteceu, e deve acontecer, no processo de iniciação, de forma progressiva e adaptada às diversas situações, pessoas e culturas. É importante dar realce à vida pessoal e comunitária; à gratuidade e à motivação amorosa da iniciativa divina: "Deus amou tanto o mundo que entregou o seu Filho único" (Jo 3,16); "Fui eu que vos escolhi" (Jo 15,16) e "vos chamei amigos, pois tudo o que ouvi de meu Pai eu compartilhei convosco" (Jo 15,15).

Estamos no campo do saber do catequista que, auxiliado pelas ciências psicopedagógicas, saberá adaptar-se às situações dos catequizandos, conhecendo o universo de suas faixas etárias, para que sua ação possa ter maior eficácia. Sobre isso, o Diretório Nacional de Catequese tem preciosas indicações.[13]

– A programação: o planejamento da catequese na paróquia deve ser elaborado de forma conjunta com o pároco e a equipe de catequistas. Aqui entra a importância do grupo de catequistas que conduzem a iniciação cristã.[14] Ele é responsável, com o pároco, pela condução da catequese, avaliação do programa, formação permanente dos catequistas e envolvimento dos pais dos catequizandos, tratando-se de crianças, adolescentes e jovens, bem como de catequizandos adultos.[15] Para o acompanhamento da programação, é relevante o papel do coordenador paroquial de catequese para garantir a unidade e a eficácia da caminhada.

7. A espiritualidade do catequista discípulo, formador de discípulos missionários

Constatamos, com sempre maior preocupação, que a educação da fé não pode mais contar nem com a sociedade, nem com a família, como acontecia em épocas passadas. Os desafios que se apresentam à iniciação à vida cristã são tantos que um catequista pouco preparado, sem ardor missionário e sem uma forte convicção de sua missão, terá dificuldade para desempenhar seu papel de educador da fé que

---

[13] Cf. o capítulo 6: "Destinatários como interlocutores no processo catequético". Para a catequese conforme as idades, cf. parágrafos 180-200; para a catequese na diversidade, cf. os parágrafos 201-214.

[14] Sobre a importância do grupo de catequistas e a pastoral catequética paroquial, cf. FRISULLO, Vicente. *Discípulos catequistas*. São Paulo, Paulinas, 2012, pp. 83-92.

[15] Para uma visão completa sobre as linhas para a formação do catequista, cf. o Diretório Nacional de Catequese, parágrafos 277ss. Cf. também: FRISULLO, Vicente. *Discípulos catequistas*, cit., cap. 6.

a comunidade lhe confiou. Por isso, além do saber e do saber fazer, é preciso se deter sobre o ser do catequista, que diz respeito à sua pessoa como discípulo missionário e como educador de discípulos missionários. Aqui entra a questão da espiritualidade do catequista, que é um dos temas decisivos na formação integral do catequista.

Espiritualidade tem a ver com espírito, sopro, entusiasmo, ardor, generosidade, alegria, energia de vida. É o modo de viver um ideal, o ideal de Jesus Cristo, isto é, é a missão que ele nos confiou. Numa palavra, espiritualidade é um estilo de vida, um jeito de viver guiado e animado pelo Espírito: é a nossa paixão por Jesus. É aquilo que se costuma chamar de mística, que expressa a nossa paixão por ele. É ver e viver tudo com os olhos de Jesus. Pela graça do Batismo, o cristão entra na dinâmica do Espírito Santo e, deixando-se conduzir por ele, se coloca no seguimento de Jesus, a fim de que, filhos no Filho, possamos sempre mais nos tornar semelhantes a ele. O Espírito Santo nos une a Jesus e entre nós, formando assim uma comunidade de amor e fraternidade. Ele nos transforma para que, cada vez mais, nos pareçamos com Jesus, atuemos como ele atuou, amemos como ele amou, assim como muito bem soube expressar a singela canção: "Amar como Jesus amou, sonhar como Jesus sonhou, pensar como Jesus pensou, viver como Jesus viveu. Sentir o que Jesus sentia, sorrir como Jesus sorria...".

É aquilo que os Padres da Igreja chamavam de configuração ou conformação a Cristo, isto é, estampar em nossa vida as "feições" de Cristo, ou, como diz São Paulo, revestir-se de Cristo (Rm 13,14). É o caminho da santidade à qual todo cristão é chamado: "Sede santos, porque eu, vosso Deus, sou santo" (Lv 20,7; 1Pd 1,16). Sem essa paixão por Jesus, até identificar-se com ele, sem uma forte espiritualidade, a vida do cristão transcorre na mediocridade e a Boa Notícia demora a chegar até os confins da terra, que é o sonho de Jesus e de todo discípulo missionário, sempre santamente inquieto, até quando Jesus não chega no coração da última pessoa que habita a terra.

Cada cristão chega à santidade, com a graça do Espírito Santo, segundo e a partir da sua situação existencial e eclesial, por isso, estamos todos no caminho da santidade, mas cada um de maneira diferente. Assim, a espiritualidade do catequista se insere dentro da espiritualidade do cristão, cuja base está no Batismo, mas tem elementos próprios, devido à atividade própria que ele desenvolve no seio da comunidade eclesial. A espiritualidade do catequista deve ser colocada dentro da sua missão de educador da fé e, como tal, está voltada ao serviço dentro da própria comunidade eclesial.

Os Evangelhos, sobretudo o de Lucas (3,22; 4,1; 4,14), nos testemunham como Jesus foi sempre conduzido e impulsionado pelo Espírito Santo. O mesmo Espírito Santo impulsionará o catequista para que a sua conformação chegue à estatura de Cristo (Ef 4,13), para poder testemunhá-lo aos catequizandos no seu serviço de iniciação à fé e vida cristã. Espiritualidade, então, é a força interior que vem do Espírito Santo para que o catequista possa se dedicar com ardor à sua missão de iniciador à vida cristã de seus irmãos para conduzi-los a Cristo.

7.1. Os elementos da espiritualidade do catequista

Os elementos da espiritualidade podem ser comuns, mas o modo de vivenciá-los é necessariamente diferente, pois a conformação com Cristo, isto é, a aproximação a ele, depende da nossa situação existencial e da missão dentro da Igreja e da sociedade. O pai de família vive sua relação com Cristo diferentemente da do filho; o leigo a vive de forma diferente da do padre. A espiritualidade do catequista é ligada ao lugar que ele ocupa na Igreja, isto é, o serviço de educador da fé que ele desempenha dentro dela.

Dizer catequista é dizer testemunha: ele é chamado por Deus dentro da Igreja para dar um testemunho qualificado de Jesus Cristo e do mistério da salvação. Esse testemunho é qualificado em razão da responsabilidade de educador que lhe foi confiada pela comunidade.

Essa função educadora se reveste de uma grande importância na iniciação à fé e à vida cristã dos catequizandos e, por isso mesmo, para o futuro da Igreja. Podemos, assim, considerar alguns elementos principais da espiritualidade do catequista.

Dimensão cristocêntrica: se o catequista, como todo cristão, é chamado ao seguimento de Jesus Cristo, a primeira dimensão da sua espiritualidade é a cristocêntrica. A aventura da vida de fé do cristão tem início a partir de um encontro decisivo com ele, como muito bem expressou o Papa Bento XVI: "Ao início do ser cristão, não há uma decisão ética ou uma grande ideia, mas o encontro com um acontecimento, com uma Pessoa que dá à vida um novo horizonte e, dessa forma, o rumo decisivo".[16]

Esse encontro decisivo com Cristo, além de ter transformado a vida pessoal do catequista, o impulsiona a testemunhá-lo através do seu serviço catequético, para que outros façam a experiência desse mesmo encontro até o ponto de ele poder dizer com o apóstolo João: "O que ouvimos, o que vimos com nossos olhos, o que contemplamos e o que nossas mãos apalparam... Isso que vimos e ouvimos, nós agora o anunciamos a vocês" (1Jo 1,1-3). Essa aproximação com Cristo cresceu tanto a ponto de levar o catequista a configurar-se com ele, isto é, a ter os mesmos sentimentos dele, a colocar-se a serviço dos irmãos como ele. Assim como Jesus é o caminho que leva ao Pai (Jo 14,6), o catequista é o caminho que leva a Jesus. E uma vez que o catequista já percorreu o caminho que leva ao encontro com Jesus, ele tem condições de indicá-lo aos catequizandos, por isso a Igreja lhe confia o processo de iniciação de seus membros. Ele também pode dizer aos catequizandos que querem encontrar Jesus no percurso de iniciação à fé: "Vinde e vede" (Jo 1,19).

A dimensão cristocêntrica é decisiva para toda a ação evangelizadora e catequética porque é determinante na constituição da própria

---

[16] *Deus caritas est*,1.

identidade cristã. É assim que a entendeu o Papa Bento XVI num de seus discursos aos bispos do Brasil, falando do problema do êxodo dos católicos para outras denominações: "Parece claro que a causa primordial, dentre outras, desse problema, possa ser atribuída à falta de uma evangelização em que Cristo e sua Igreja estejam no centro de toda explanação".[17] O coração da evangelização e da catequese é Cristo, pois ambas desvendam seu mistério (cf. CT 5).

Na base da espiritualidade do catequista está uma experiência autêntica de fé, de relação pessoal com Cristo, que o impulsiona a dar testemunho veraz e crível para os que entram no seguimento de Cristo. A sua, então, é uma espiritualidade do serviço, que coloca o acento no fazer ecoar a Palavra de Deus, da qual é humilde servidor, e criar condições de ser acolhida, colocando-se à completa disposição de Cristo e dos irmãos que estão a caminho do encontro com ele no percurso catequético, dando tudo de si para que Cristo possa se tornar visível e ser encontrado pelos homens de hoje, como expresso por esta bela reflexão:

> Cristo não tem mais mãos, ele tem somente as nossas mãos para cumprir hoje as suas obras.
>
> Cristo não tem pés, ele tem somente nossos pés para ir hoje ao encontro dos homens.
>
> Cristo não tem mais voz, tem somente nossa voz para hoje falar de si.
>
> Cristo não tem mais forças, tem somente nossas forças para conduzir os homens para si.
>
> Cristo não tem mais Evangelhos que os homens possam ainda ler. Mas aquilo que fazemos em palavras e obras é o Evangelho que está sendo escrito.[18]

---

[17] Discurso aos bispos do Brasil na catedral da Sé. São Paulo, Palavra do Papa Bento XVI no Brasil, p. 48.

[18] POMPILIO, Mario. *O quinto evangelho*. Milano: Ed. Rosconi, 1975.

O catequista oferece e empresta suas mãos, seus pés, sua voz, suas forças e, através de seu testemunho, o Evangelho, para que Jesus continue encontrando os homens e mulheres de todas as épocas. Na base de toda atividade do catequista, isto é, de sua espiritualidade, está essa experiência de fé e essa disponibilidade que o animam a viver tudo isso em forma de serviço, empenhando-se na iniciação à vida cristã dos irmãos.

Dimensão trinitária: Cristo é o caminho (Jo 14,6), mas a meta é a Trindade, no coração da qual fomos mergulhados no dia de nosso Batismo, e para o encontro da qual estamos a caminho, acompanhados por Cristo. É ele que revela a originalidade do nosso Deus: Deus comunhão, Deus família e, por isso, Deus-Amor. A Santíssima Trindade é o ponto de chegada da fé, da vida cristã e da catequese e do anseio da humanidade. O catequista vive desse mistério e conduz seus catequizandos a mergulharem nele, mistério de amor que encanta os santos e que é a meta desejada de todo coração humano, inquieto até quando não encontra nela o descanso, como confessava Santo Agostinho.[19]

A dimensão trinitária nos permite sair de uma fé cristomonista ou pneumatologista, que se resolve e se esgota numa relação meramente emocional com Cristo ou com o Espírito, para viver a intensidade de um amor feito de serviço e comunhão que encontra na Santíssima Trindade sua fonte exemplar e inesgotável. A espiritualidade trinitária leva ao compromisso de viver e construir unidade e comunhão na família, na comunidade e na sociedade. Cristo, introduzindo-nos, desde já, no coração da Trindade, nos faz antecipar o mergulho no oceano do amor trinitário que realizaremos no dia da nossa morte, que é o feliz encontro com a Trindade Santa, quando "não haverá mais morte, nem pranto, nem clamor, nem dor" (Ap 21,4), pois a humanidade, depois das dores de parto, terá chegado à sempre

---

[19] Confissões, 1.

sonhada, única e verdadeira felicidade. O catequista é uma pessoa que fez e vive a experiência desse mergulho no coração da Trindade: somente assim poderá conduzir os outros ao encontro com Deus.

Dimensão litúrgico-sacramental: à dimensão cristocêntrica da espiritualidade do catequista segue-se a litúrgico-sacramental. Isso porque, depois da ressurreição, Jesus se tornou invisível e só pode ser encontrado de forma mediata, isto é, através de sinais: ninguém encontra Cristo de sacola, fazendo compra no mercado! Depois da ressurreição, o encontro com Cristo na terra somente se dá de forma sacramental. Assim como Deus deixou sinais para ser encontrado – como a natureza –, também Jesus, no seu desejo de nos encontrar, deixou sinais: os sacramentos e os pobres.

A dimensão litúrgico-sacramental é um dos elementos indispensáveis da espiritualidade cristã e, sobretudo, do catequista. Somente assim podemos crescer na intimidade com Jesus: "Quem come a minha carne e bebe o meu sangue vive em mim e eu nele" (Jo 6,56) e "quem se alimenta de mim viverá por minha causa" (Jo 6,57). Somente o catequista que tem essa intimidade com Jesus pode testemunhar e comunicar o seu mistério aos catequizandos. Isso mostra que a Eucaristia tem um lugar decisivo na vida do cristão e do catequista. E não é sem razão que a Igreja considera esse sacramento como a fonte e o cume da vida cristã e da missão da Igreja (LG 11), porque "contém todo o bem espiritual da Igreja, a saber, o próprio Cristo, nossa Páscoa" (PO 5). E a Igreja não hesita em afirmar que "Os demais sacramentos, assim como todos os ministérios eclesiásticos e tarefas apostólicas, se ligam à sagrada Eucaristia e a ela se ordenam" (PO 5; CIC 1324), de modo que não se concebe um batizado que não participa da Eucaristia e não faça dela o centro de sua vida, sendo ela a forma privilegiada, mesmo que não única, de entrar em comunhão com Cristo.

A vida litúrgico-sacramental é estritamente ligada à oração. Sem a oração pessoal e comunitária, não fica fácil ao catequista manter viva a fé e o necessário dinamismo pastoral. O catequista, configurado com Cristo orante e sempre em comunhão íntima com o Pai, faz da oração o seu alimento cotidiano. O catequista discípulo apreende do Mestre a rezar e a ensinar a rezar (Mt 6,8-9).

Faz parte das competências do catequista, educador da fé, educar e iniciar os catequizando à arte da oração, pois "é preciso que a educação para a oração se torne de qualquer modo um ponto qualificado de toda programação pastoral" (NMI 34).

Um momento importante da espiritualidade litúrgico-sacramental é a celebração e vivência do Dia do Senhor: o domingo, atualização da Páscoa do Senhor. A celebração do Dia do Senhor nos permite romper o ritmo cotidiano da fadiga, porque é um tempo de libertação dos laços exclusivamente materiais e econômicos, para nos fazer aproveitar e experimentar a gratuidade de Deus, através da experiência de comunhão profunda, de diálogo, de solidariedade e de partilha.

A celebração do Dia do Senhor é um espaço especial para os membros da comunidade se animarem uns aos outros na fé; se confortarem uns aos outros no testemunho da alegria da ressurreição. Por tudo isso e pela responsabilidade que lhe vêm como educador da fé, o catequista deve ser um testemunho vivo da vivência do domingo, assim, os catequizandos apreenderão dele também a valorizar o domingo.[20] Pela força do testemunho, o catequista deveria fazer o possível para participar da Eucaristia, da qual fazem parte os catequizandos.

Dimensão bíblica: a fé do catequista nasceu da Palavra, e ele educa na fé a partir da Palavra, pois a fé nasce da Palavra, como lembra São Paulo (Rm 10,17). A missão do catequista se insere no ministério

---

[20] Na Carta apostólica *Dies Domini* (O Dia do Senhor), o Papa João Paulo II apresenta o domingo nas suas diversas dimensões. É um bom instrumento para a formação pessoal do catequista, mas também uma válida ajuda para a catequese.

da Palavra: ele é um servidor da Palavra. A iniciação à vida cristã compreende e exige também a iniciação à Palavra. Isso requer do catequista familiaridade com a Palavra de Deus para poder despertar nos catequizandos o apetite por ela. O catequista que aprendeu a ler sua vida à luz da Palavra de Deus, saberá educar os catequizandos a encontrar na Palavra respostas para sua vida. A Palavra de Deus é a alma da catequese, por isso a vida e a atividade do catequista devem ser animadas pela Palavra de Deus. Para tanto, é preciso que o catequista tenha um conhecimento mais sistemático da Bíblia, o que exige estudo e leitura constantes. É preciso lembrar também que a leitura e o conhecimento da Bíblia não se esgotam em si, pois a Palavra de Deus não é mero objeto de estudo; a finalidade é outra. Partimos, em primeiro lugar, da constatação de que não amamos aquilo que não conhecemos. Por isso, a Palavra de Deus tem como finalidade primeira nos aproximar dele, conhecer sua vontade, seu plano de amor sobre nós e, assim, em sintonia com ele, nos abrirmos ao seu amor, pois, na Bíblia, Deus, em seu imenso amor, fala aos homens como a amigos (DV 2), já que "nos Livros Sagrados, o Pai vem amorosamente ao encontro dos seus filhos, a conversar com eles" (DV 21).

Outro objetivo da Palavra de Deus nos é ilustrado por São Paulo na sua 2ª Carta a Timóteo: "Toda Escritura é inspirada por Deus e é útil para ensinar, para refutar, para corrigir, para educar na justiça, a fim de que o homem de Deus seja perfeito, preparado para toda boa obra" (2Tm 2,16-17). O objetivo último é, então, nos preparar a fazer o bem, toda obra boa, pois "a fé sem obras é morta" (Tg 2,26). A leitura da Bíblia tem a ver com a vida: é para nos levar ao Senhor e converter ao bem.

Finalmente, não se pode esquecer de que a Palavra de Deus chega à sua plenitude em Jesus Cristo, Palavra encarnada do Pai. É ele que une os dois Testamentos. Por isso, como dizia São Tomás de Aquino, quando lemos a Bíblia, nós não estamos em busca de palavras, mas da Palavra que é a Pessoa do Cristo, cuja missão é nos revelar e nos conduzir ao Pai, gerador da Palavra. A Igreja recomenda a todos a leitura e a meditação da Palavra de Deus, mas insiste de modo especial para que com ela tenham intimidade aqueles que exercem ministérios, sobretudo, os ministros ordenados e os catequistas:

> É necessário, por isso, que todos os clérigos e, sobretudo, os sacerdotes de Cristo e outros que, como os diáconos e os catequistas, se consagram legitimamente ao ministério da Palavra, mantenham um contato íntimo com as Escrituras, mediante a leitura assídua e o estudo aprofundado, a fim de que nenhum deles se torne "pregador vão e superficial da Palavra de Deus por não a ouvir de dentro" (DV 25).

Se o catequista não tem intimidade com a Palavra de Deus, como pode anunciá-lo? Como pode ajudar a encontrá-lo? Pois, como lembra o Concílio Vaticano II, citando São Jerônimo, "a ignorância das Escrituras é ignorância de Cristo" (id.).

A espiritualidade bíblica leva o catequista também a encontrar na Palavra de Deus a fonte da oração. Não basta ler a Bíblia; a leitura deve ser acompanhada de oração para que seja possível o diálogo com Deus, porque, diz o Concílio Vaticano II, citando Santo Agostinho, "a ele falamos, quando rezamos, a ele ouvimos, quando lemos os divinos oráculos" (DV 25). A oração da Igreja se inspira e é tecida de Salmos, basta pensar na liturgia eucarística com as várias leituras e o Salmo e na Liturgia das Horas, constituída, sobretudo, de Salmos, oração que nasceu da experiência cotidiana de um povo que, com grande simplicidade e paixão, descreve a amizade de Deus com os homens. O próprio Jesus alimentou sua vida com a oração dos Salmos, nas celebrações da sinagoga aos sábados; ao sair da ceia, reza com os discípulos os Salmos (Mt 26,30) e na hora da morte entrega confiante o seu espírito nas mãos do Pai, inspirando-se no Salmo 31,6 (Lc 23,46). Toda a vida de Jesus foi tecida de oração, de modo que o modelo acabado de pessoa orante para o catequista é o próprio Jesus.

Dimensão eclesial: pelo Batismo, somos inseridos na família dos discípulos de Jesus, a Igreja. Com o sacramento da Confirmação essa vinculação com a Igreja se tornou mais perfeita e continua a crescer com a Eucaristia e a participação nas pastorais e na missão da Igreja. A atividade catequética, especificadamente como iniciação à vida cristã, isto é, como inserção do iniciando na fé e na vida da Igreja, coloca o catequista entre os protagonistas que constroem a Igreja. O catequista, além do fato de ser cristão, vive da e na Igreja, pois é um dos agentes vivos que a constroem, com a preparação e ingresso de novos membros. Dentro da Igreja, pela missão que dela recebe, o catequista, exercendo o papel de educador da fé, é aquele que mais a conhece, a ama, a aprecia e defende. Tudo isso supõe uma paixão pela Igreja com a qual ele se identifica, porque, se a Igreja mãe gera pelo Batismo, o catequista, colaborando com o nascimento da fé dos catequizandos, como e com a Igreja, também gera esses novos filhos. De certa forma, o catequista participa da maternidade da Igreja. Essa identificação nasce do senso de pertença à Igreja: o catequista pertence à Igreja, constrói a Igreja: ele é Igreja. Ele se sente Igreja e sente com a Igreja, pois assumiu a missão dela – fazer discípulos – como sua, colocando à disposição suas melhores energias. Esse amor pela Igreja, o catequista o transmite aos catequizandos, pois só assim pode introduzi-los na Igreja, a família dos discípulos missionários de Jesus.

A dimensão eclesial da espiritualidade se traduz em fatos e gestos concretos na igreja local, na comunidade de vivência e atuação do catequista. Quando ele fala da Igreja, fala da própria mãe, da própria família, com a paixão de quem tem a missão de introduzir nela novos membros através da iniciação à vida cristã e de fazê-los crescer. Com sua atividade catequética e seu testemunho de vida, o catequista transmite aos catequizandos, sobretudo aos adultos, a consciência de que ser Igreja é diferente de ir à Igreja. É o que expressa São Paulo aos Coríntios quando fala da Igreja como corpo e, Corpo de Cristo, do qual cada um é membro e, insubstituível, com a importância que cada membro tem para a vida do nosso corpo (1Cor 12,4ss).

Com seu trabalho dedicado, o catequista experimenta que a Igreja é comunhão na qual se vive, experimenta e testemunha o milagre da fraternidade e da partilha. Ele experimenta e transmite que sua missão é servir, servir é amar, colocando-se a serviço do outro, e é essa experiência de comunhão que nos faz Igreja. Por essa "carga" eclesial, exige-se do catequista uma prática relacional muito intensa e diversificada com os catequizandos, suas famílias, o pároco, o grupo de catequistas, e as outras equipes de pastoral. Por isso, é preciso que ele tenha tempo e disponibilidade mais do que os outros agentes de pastoral e, mais do que isso, uma sólida espiritualidade de comunhão. Essa participação intensa na vida eclesial, às vezes, pode cansar. Por isso, é importante que ele esteja inserido no grupo de catequistas, o que exige uma sólida espiritualidade de comunhão: ninguém é catequista sozinho, por si e para si. Com efeito, "Evangelizar não é um ato individual e isolado, mas profundamente eclesial... ela perfaz um ato de Igreja... (o pregador, catequista, pastor) age não por uma missão pessoal... ou por uma inspiração pessoal, mas em união com a missão da Igreja e em nome da mesma" (EN 60). O catequista age, em nome da Igreja, dentro da Igreja, para a Igreja e com a Igreja, cultivando a consciência de ser porta-voz da Igreja. O Evangelho que ele anuncia é o Evangelho que a Igreja lhe entrega, e a missão de educador na fé lhe é confiada pela Igreja: a ação catequética é sempre uma ação eclesial.

O catequista é um consagrado ao serviço e um enviado de Cristo por meio da Igreja. Numa palavra, é dentro da comunidade eclesial que o catequista é chamado à missão. Por outro lado, a responsabilidade educativa exige do catequista uma presença e participação nos diversos momentos e nos diversos trabalhos da comunidade, pois o sentido de pertença que ele é chamado a despertar nos catequizandos, mais do que resultado de ensino, é fruto do seu testemunho de presença e participação ativa na vida da comunidade: "Quem busca Jesus precisa viver uma forte e atraente experiência eclesial".[21]

Dimensão mariana: mesmo sabendo que Jesus é o único mediador entre Deus e nós (1Tm 2,5), o único caminho para Deus (Jo 14,6) e o centro da nossa vida e a razão de nossa existência, a pessoa de Maria, a mãe de Jesus de Nazaré, é parte constitutiva da fé cristã. Sem ela, não teríamos a encarnação do Filho de Deus e não teríamos a revelação do Mistério de Deus Trindade. Se os Evangelhos falam de Maria com discrição é compreensível, pois se trata do Evangelho, a Boa-Nova de Jesus Cristo, não de outras personagens que se encontram na narração dos Evangelhos. Mesmo assim, fala-se de Maria em 125 versículos, dos quais 90 fazem parte do Evangelho de Lucas, e são mais do que suficientes para nos fazer compreender o lugar que ela ocupa no plano de salvação.

Não pode passar despercebido o último gesto de Jesus na cruz, antes de morrer: "Jesus viu a mãe, ao lado dela, o discípulo que ele amava. Então disse à mãe: 'Mulher, eis aí o seu filho'. Depois disse ao discípulo: 'Eis aí a sua mãe'. E dessa hora em diante, o discípulo a recebeu em sua casa" (Jo 19,26-27). João – chamado de filho, mas que não é filho de Maria – representa a Igreja que nasce ao pé da cruz; e Maria – chamada de Mulher, como Eva, Mãe da nova humanidade, a Igreja – é entregue por Jesus como mãe à Igreja, a nova humanidade. É significativa, a esse propósito, a observação que faz o Papa Francisco:

> Na cruz, quando Cristo suportava em sua carne o dramático encontro entre o pecado do mundo e a misericórdia divina (...) Naquele momento crucial, antes de declarar consumada a obra que o Pai lhe havia

[21] *Iniciação à vida cristã*, n. 106.

> confiado, Jesus disse a Maria: "Mulher, eis o teu filho!". E, logo a seguir, disse ao amigo bem-amado: "Eis a tua mãe!" (Jo 19,26-27)... E só depois de fazer isto é que Jesus pôde sentir que "tudo se consumara" (Jo 19,28)... Estas palavras de Jesus, no limiar da morte, não exprimem primariamente uma terna preocupação por sua Mãe; mas são, antes, uma fórmula de revelação que manifesta o mistério duma missão salvífica especial. Jesus deixava-nos a sua Mãe como nossa Mãe (EG 285).

Parece que para o evangelista João faltava algo a ser feito por Jesus antes de morrer: entregar sua mãe à Igreja e a Igreja à sua mãe; fazer da maternidade pessoal dela, mãe de Jesus, uma maternidade universal – Mulher, mãe da nova humanidade, a Igreja. E, só depois disso, declara: "tudo está consumado" (Jo 19,30), isto é, tudo foi cumprido. Assim termina a missão de Jesus na terra.

O catequista, cuja ação se relaciona com o ministério da Palavra, encontra em Maria um modelo de como se aproximar e servir a Palavra de Deus. Com efeito, o grande elogio que Isabel faz a Maria é sua atitude diante da Palavra de Deus: Ela é "Bem-aventurada porque acreditou na Palavra do Senhor" (Lc 1,45), pois, como tinha declarado ao Anjo, portador da Palavra de Deus, ela se colocou à completa disposição da Palavra: "Eis aqui a serva do Senhor, faça-se em mim segundo a tua palavra" (Lc 1,39). A propósito da relação de Maria com a Palavra de Deus, o Papa Bento XVI afirma com muita propriedade: "O *Magnificat* – um retrato, por assim dizer, da sua alma – é inteiramente tecido com fios da Sagrada Escritura, com fios tirados da Palavra de Deus. Dessa maneira se manifesta que ela se sente verdadeiramente em casa na Palavra de Deus, dela sai e a ela volta com naturalidade. Fala e pensa com a Palavra de Deus; esta torna-se palavra dela, e a sua palavra nasce da Palavra de Deus. Além disso, fica assim patente que os seus pensamentos estão em sintonia com os de Deus, que o dela é um querer juntamente com Deus. Vivendo intimamente permeada pela Palavra de Deus, ela pôde tornar-se mãe da Palavra encarnada" (DC 41) e modelo para nós.

Os Atos dos Apóstolos não deixam de sublinhar que "Todos eles (os apóstolos) tinham os mesmos sentimentos e eram assíduos na oração, junto com algumas mulheres, entre as quais Maria, Mãe de Jesus" (At 1,14). Na catequese de Lucas isso significa que, assim como Maria acompanhou Jesus em sua vida e missão, ela continua a acompanhá-lo na sua Igreja. O catequista sentirá Maria presente em sua vida e em sua missão como educadora da fé, pois, como Maria acompanhou os primeiros passos da Igreja nascente (At 1,14), assim ela acompanha hoje os catequistas que ensinam os primeiros passos da fé aos catequizandos. Mas não é necessário lembrar ao catequista que tudo em Maria se relaciona a Cristo e à sua Igreja, sua extensão visível no mundo: a devoção mariana deve ter, necessariamente, uma dimensão cristológica. São conhecidas, a esse propósito, as palavras de Maria aos serventes no episódio das bodas de Caná: "Fazei o que ele vos disser" (Jo 2,5): sua missão é conduzir-nos a Jesus. Mas Maria é também o modelo do serviço aos irmãos. Nas bodas de Caná, ela se mostra sensível com a dificuldade que os noivos podem passar: "Eles não têm mais vinho" (Jo 2,3) e, mesmo depois da resposta de Jesus, que parece um tanto ríspida, ela não desiste de tentar arranjar uma solução e Jesus "cede", mesmo não tendo chegado a sua hora (Jo 2,4). Outro episódio, no Evangelho de Lucas, mostra sua solicitude em intervir em favor do próximo, indo em socorro de Isabel em sua gravidez de risco: "Olhe a sua parenta Isabel: apesar da sua velhice, ela concebeu um filho... Maria partiu para a região montanhosa, dirigindo-se às pressas a uma cidade da Judeia" (Lc 1,36-39). Dirigiu-se às pressas, sublinha Lucas, pois o amor não pode esperar.

O exemplo de Maria educa o catequista na generosidade e plenitude de sua doação. Maria, ainda, nos ajuda a ler a presença de Deus na história. No seu cântico, depois dos elogios de Isabel, ela nos orienta a perceber o projeto de Deus na história, onde os pobres são bem-aventurados: "Ele dispersa os soberbos, derruba os poderosos de seus tronos e eleva os humildes" (Lc 1,51-52). Ensina-nos também o espírito de oração, convidando-nos, no nosso silêncio interior, a meditar os fatos e acontecimentos de nossa vida para neles descobrir a vontade de Deus (Lc 2,19.38).

Em Maria, o catequista encontra o exemplo de como levar os catequizandos a descobrir, no cotidiano de sua vida, a presença amorosa de Deus. Por tudo isso, ela tem uma função e um lugar especial em nossa vida pessoal e eclesial: nela encontramos inspiração para o seguimento de Jesus, razão de nossa vida, e o compromisso de ir sempre "apressadamente" ao encontro do irmão (Lc 1,39). Assim, podemos afirmar, com o Papa Francisco: "Há um estilo mariano na atividade evangelizadora da Igreja. Porque sempre que olhamos para Maria, voltamos a acreditar na força revolucionária da ternura e do afeto" (EG 288).

Dimensão solidária: a fé não é mero sentimento, é ação e, sem a ação, ela é morta (Tg 2,17.26). Deus, desde o Antigo Testamento, se revela solidário com o povo sofrido e sua intervenção se manifesta em ações concretas que o autor do Êxodo expressa com quatro verbos: "Eu vi muito bem a miséria do meu povo que está no Egito. Ouvi o seu clamor contra seus opressores, e conheço os seus sofrimentos. Por isso, desci para libertá-lo" (Ex 3,7). O amor de Deus para com o seu povo oprimido se traduz em ações concretas e eficazes. Diante da situação da humanidade, Deus toma a iniciativa e intervém, mais uma vez e de forma definitiva, enviando seu Filho que realiza o plano do Pai até as últimas consequências, assumindo um corpo humano sujeito a todas as situações dos outros homens: o Filho de Deus, homem no meio dos homens, nasce, morre, mas o Pai o ressuscita, para levar a cumprimento o plano de salvação: "Que todos tenham vida" (Jo 10,10) e que "ninguém se perca" (Jo 6,39). Toda a vida de Jesus, que veio para servir e não para ser servido, está orientada para esse plano do Pai, dando sua vida em resgate (Mt 20,28).

Em todas as ações e atitudes, Jesus mostra essa disponibilidade ao serviço, encarnando fielmente a missão do servo sofredor que *carrega* sobre si o *sofrimento* do povo. Jesus indica esse mesmo caminho aos seus discípulos, aos quais, depois de ter lavado os pés, pergunta: "Entendeis o que vos tenho feito? Vós me chamais Mestre e Senhor, e dizeis bem, porque eu o sou. Ora, se eu, Senhor e Mestre, vos lavei os pés, vós deveis também lavar os pés uns aos outros", e conclui: "Felizes vós se o fizerdes" (Mt 13,12-17). O amor-compaixão de Jesus para com os pobres e sofredores é tão grande, que ele chega a se identificar com eles: "Venham a mim benditos de meu Pai... pois estava com fome... estava com sede... era estrangeiro... estava nu... estava doente... estava na prisão... todas as vezes que fizeram isso a um dos menores dos meus irmãos, foi a mim que o fizeram" (Mt 25,34-40). É importante notar que essa afirmação de Jesus é a conclusão do seu último discurso no Evangelho de Mateus. No julgamento Jesus não se perde em outras e tantas perguntas, por importantes que poderiam ser. Ele faz uma única e decisiva pergunta: A vossa vida foi movida pelo amor ao próximo? A conclusão muito acertada de São João da Cruz a esse propósito foi: "No entardecer de nossa vida seremos julgado no amor".

O catequista aprendeu de Jesus que Deus não quer sacrifícios, mas a misericórdia (Mt 9,13; Os 6,6), e que entre fé e vida deve haver coerência. Assim também a catequese é um ministério que se coloca a serviço da vida, criando e confirmando valores que sejam fermento na sociedade. Pela vivência desses valores, o catequizando aprenderá a ser sal da terra e luz do mundo (Mt 5,13-16). Assim, a espiritualidade não é uma virtude abstrata, mas concreta, vivencial, que abrange a vida em todas as suas dimensões e, nisso, o testemunho do catequista, enquanto educador da fé, é decisivo para uma correta iniciação à vida cristã. É a dinâmica do amor fraterno a orientar a vida cristã, em todas as dimensões, incluindo a social, pela qual hoje, não raramente, se tem uma certa resistência.

A esse propósito, o Papa Bento XVI afirmava a necessidade de "uma catequese e uma adequada formação na doutrina social da

Igreja", pois "a vida cristã não se expressa somente nas virtudes pessoais, mas também nas virtudes sociais e políticas".[22] Na formação do cristão, é preciso levar em conta que a Igreja não age somente no âmbito cultual, mas tem três âmbitos de atuação que mostram a sua natureza e fazem parte do ser cristão: anúncio da Palavra de Deus (querigma), celebração dos sacramentos (liturgia), serviço da caridade (diaconia). São dimensões que se reclamam mutuamente, não podendo uma ser separada das outras, nem excluída. Isso significa que, para a Igreja, a caridade – o serviço ao irmão – não é uma espécie de atividade de assistência social que se poderia mesmo deixar a outros, mas pertence à sua natureza, é expressão irrenunciável da sua própria existência. Nesse sentido, a promoção humana faz parte integral do anúncio do Evangelho. O leigo deve ser preparado a agir na sociedade, iluminado pela fé, dando sua contribuição para a construção da paz social e da justiça e, nisso, a catequese tem um papel importante.

Conclusão

O documento n. 107, *Iniciação à vida cristã*, elaborado pelos bispos do Brasil, chama mais uma vez a atenção para a urgente necessidade de uma pastoral catequética renovada que faça tesouro da longa experiência da Igreja, e que seja mais atenta aos sinais dos tempos. Como resposta aos desafios lançados pela problemática da nossa época, é preciso retomar a dimensão querigmática da catequese, num processo de iniciação que, por etapas, introduza o catequizando na fé e na vida cristã. Com isso, o catequista assume a atitude e função de mistagogo – condutor e introdutor no Mistério de Cristo – que, durante os primeiros séculos da Igreja, teve grande sucesso e caracterizou o catecumenato no tempo da primeira Patrística.

---

[22] Discurso Inaugural da V Conferência Geral do Episcopado Latino-americano e do Caribe, n. 3.

O catequista é chamado a rever sua prática, a se colocar em consonância com essa preocupação da Igreja, e a renovar seu ardor de discípulo missionário. Somente uma profunda espiritualidade permite ao catequista orientar os outros para Deus, isto é, cumprir sua missão de mistagogo. Mas, para traduzir em sua própria vida as palavras e os gestos e atitudes de Jesus, é preciso se inspirar nele. Esse testemunho de intimidade com Deus é fundamental para que sua Palavra possa encontrar acolhida no coração dos catequizandos. O catequista buscará, de todas as formas, ser o eco do Mestre, seu intérprete e mediador na iniciação à fé. Para isso se exige dele uma grande maturidade na fé e no amor: ele é chamado a uma intensa vida espiritual que o revista sempre mais de Cristo para ser testemunha veraz e crível nas palavras e ações. Como dizia o Papa Paulo VI: "O homem contemporâneo escuta com melhor boa vontade as testemunhas do que os mestres, ou então se escuta os mestres, é porque eles são testemunhas" (EN 41), sublinhando a importância de os mestres, os educadores da fé, também serem testemunhas da fé.

Diante dessas exigências, o catequista poderá desanimar, percebendo-se longe do ideal. Mas estamos em contínuo crescimento e, nos desafios que a catequese nos coloca, devemos ver motivos e oportunidades para crescer. E é necessário e vale a pena crescer! Aqui entra a importância do grupo de catequese e o acompanhamento do pároco. O catequista sabe também que ele não é o único educador na fé. Para a catequese com as crianças, adolescentes e jovens, ele pode contar com a presença dos pais, que deve sempre ser estimulada e incentivada. Para a catequese com adultos, mas também para toda catequese, ele pode e deve contar com a comunidade que o encarregou da educação da fé dos próprios membros. Aqui entra, mais uma vez, o grupo de catequistas e o conselho pastoral, pois a paróquia como um todo, num inteligente e generoso trabalho de conjunto, deve ser a casa da iniciação à vida cristã.[23]

---

[23] Cf. CNBB. Diretrizes Gerais da Ação Evangelizadora da Igreja no Brasil, 2015-2019, cap. IV.4.2.

O catequista sabe que está a serviço do projeto de salvação do Pai que, através de Jesus Cristo, passa pela mediação da Igreja acompanhada e movida, desde sempre, pelo Espírito Santo. Por isso, ele não está sozinho na desafiadora missão de iniciar na fé. Ele tem todos os motivos, apesar dos limites seus e da própria comunidade, para desempenhar sua missão na alegre e generosa doação de si. Essa alegria deve acompanhar a vida de todo cristão, mas, sobretudo, do catequista, pois ele está a serviço do Evangelho, que é o anúncio da Boa Notícia, da notícia que traz alegria. Como diz o Papa Francisco, para quem está "com Cristo, a alegria renasce sem cessar" (EG 21). E nessa missão de iniciador à vida cristã, o catequista está com Cristo e pode contar com ele! Deus está ao lado do catequista como esteve ao lado de todos os que ele chamou na história, e cuja frequente hesitação está registrada na Bíblia. Diante da dificuldade que o chamado apresentava, Javé respondia: "Não tenha medo. Eu estou contigo" (a Abraão: Gn 15,1; a Moisés: 21,34; a Josué: 8,1; a Jeremias 3,57; a Daniel: 10,12). Também Jesus, que dava segurança aos discípulos e a Pedro, dizendo: "Não tenham medo" (Mt 14,27; Lc 5,10), continua assegurando ao catequista: "Não tenha medo!".

Querido catequista, se Jesus o chamou para fazer discípulos, é porque ele lhe deu confiança; e ele dará também a sua graça para que essa missão seja cumprida da melhor forma. Colabore com a sua graça, fortalecendo sua espiritualidade, sinal e confirmação do seu seguimento de Cristo, pois ela é fundamental para essa missão.

Rua Dona Inácia Uchoa, 62
04110-020 – São Paulo – SP (Brasil)
Tel.: (11) 2125-3500
paulinas.com.br – editora@paulinas.com.br
Telemarketing e SAC: 0800-7010081